STAI DIVENTANDO SONNOLENTO

Coloring Bandit

Pubblicato da Speedy Publishing Canada Limited

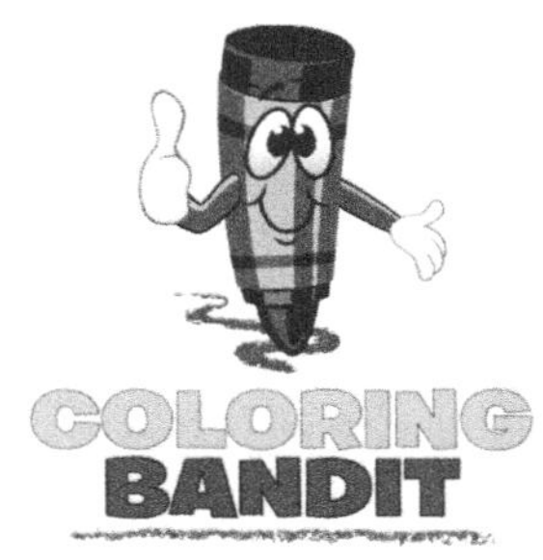

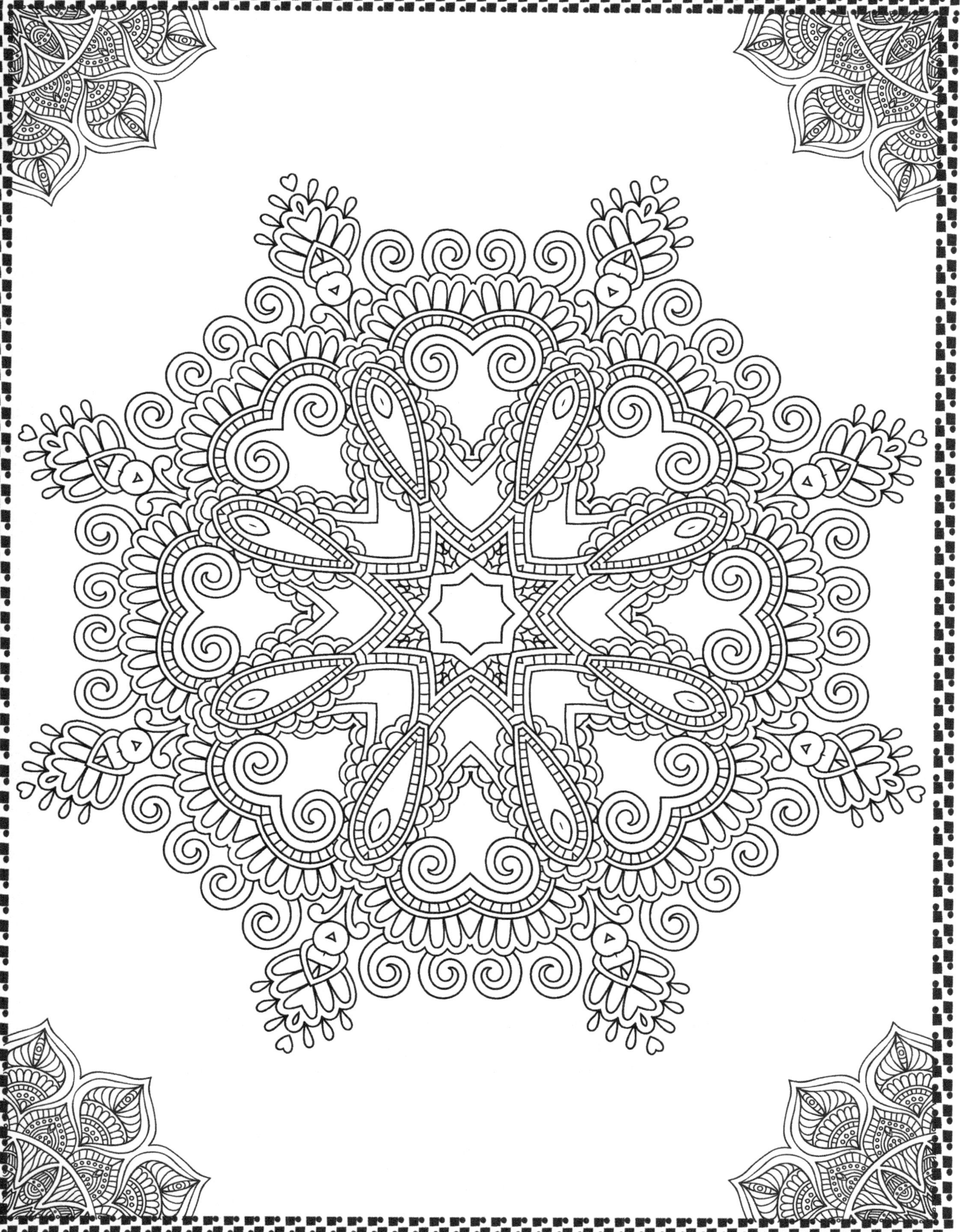

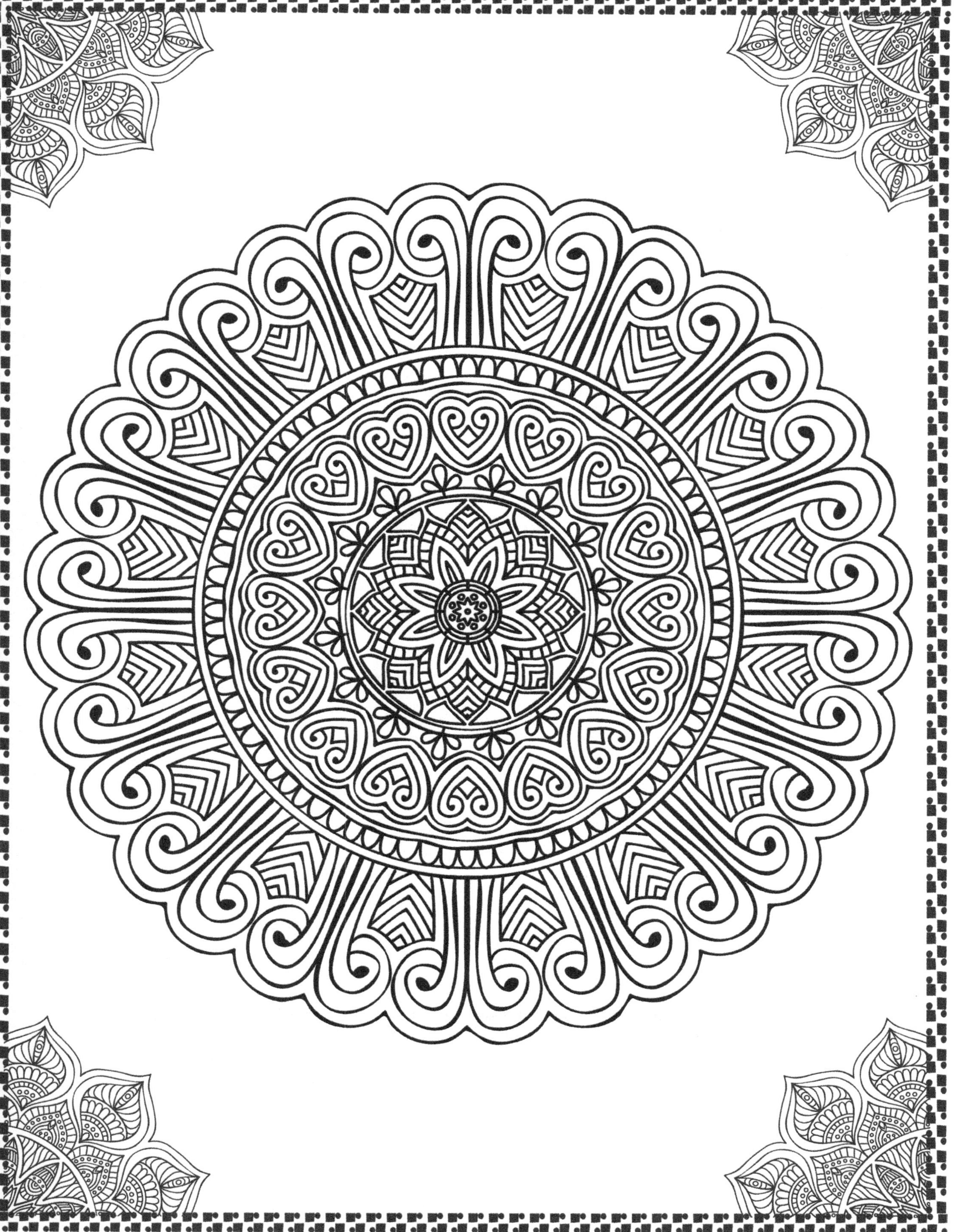

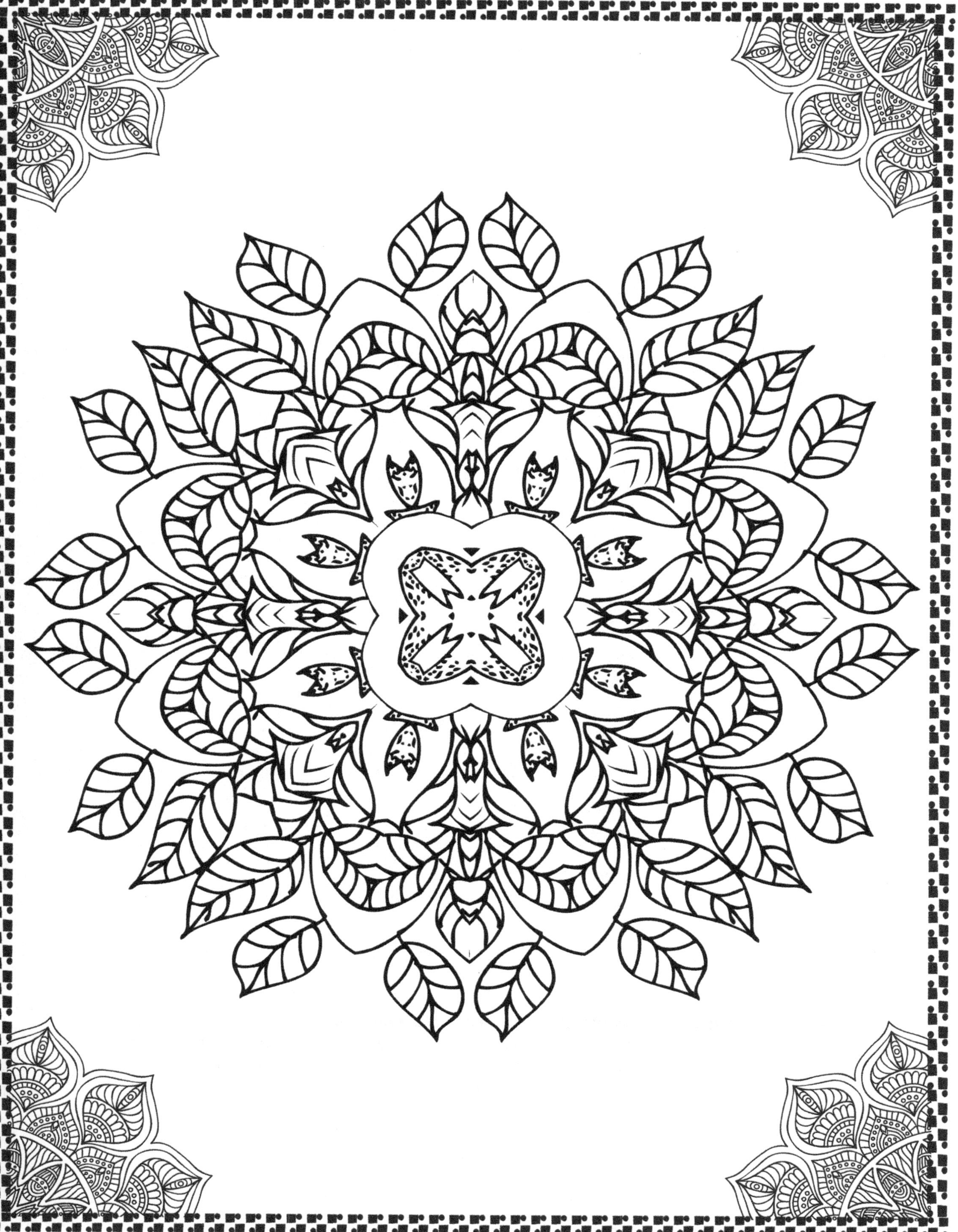

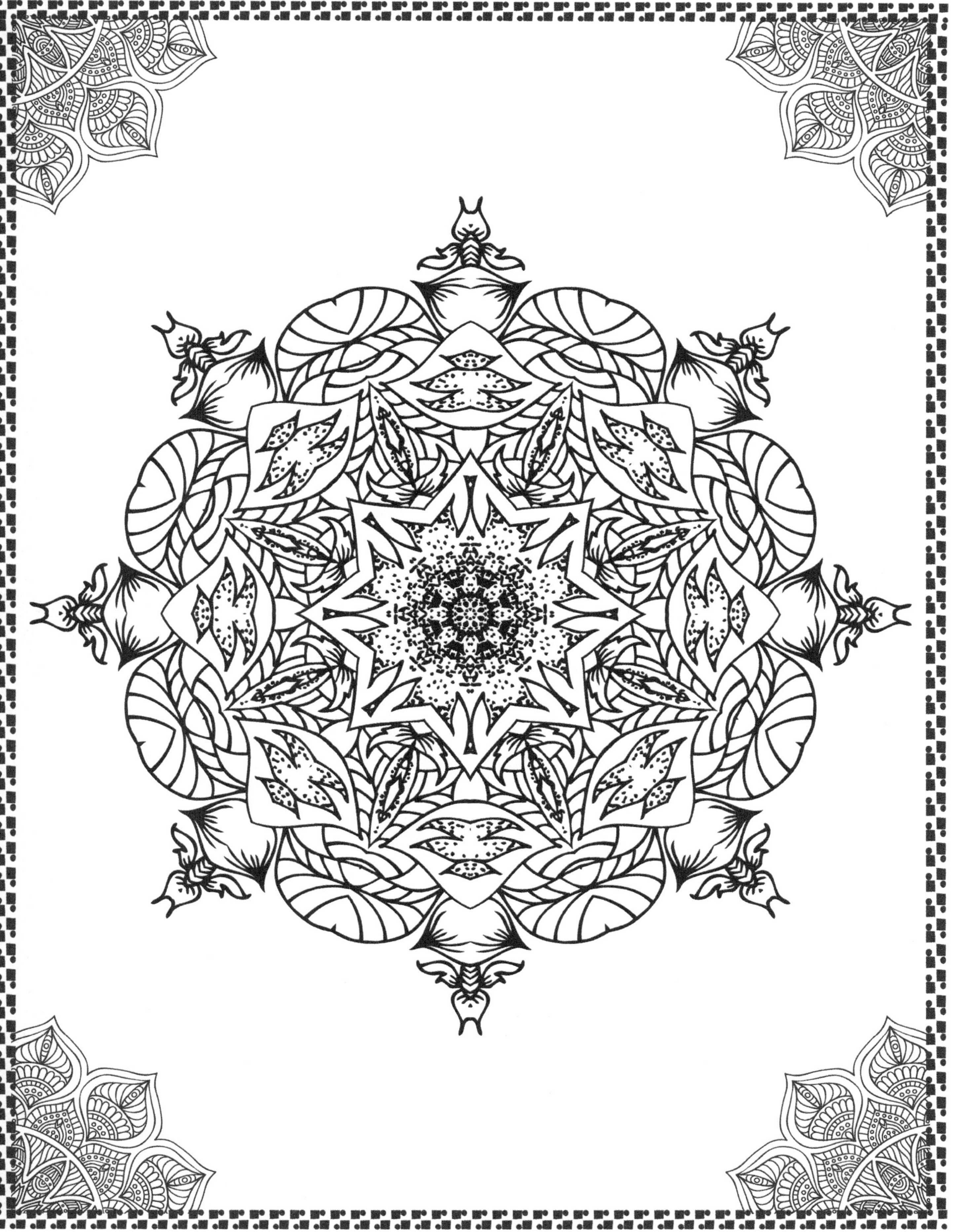

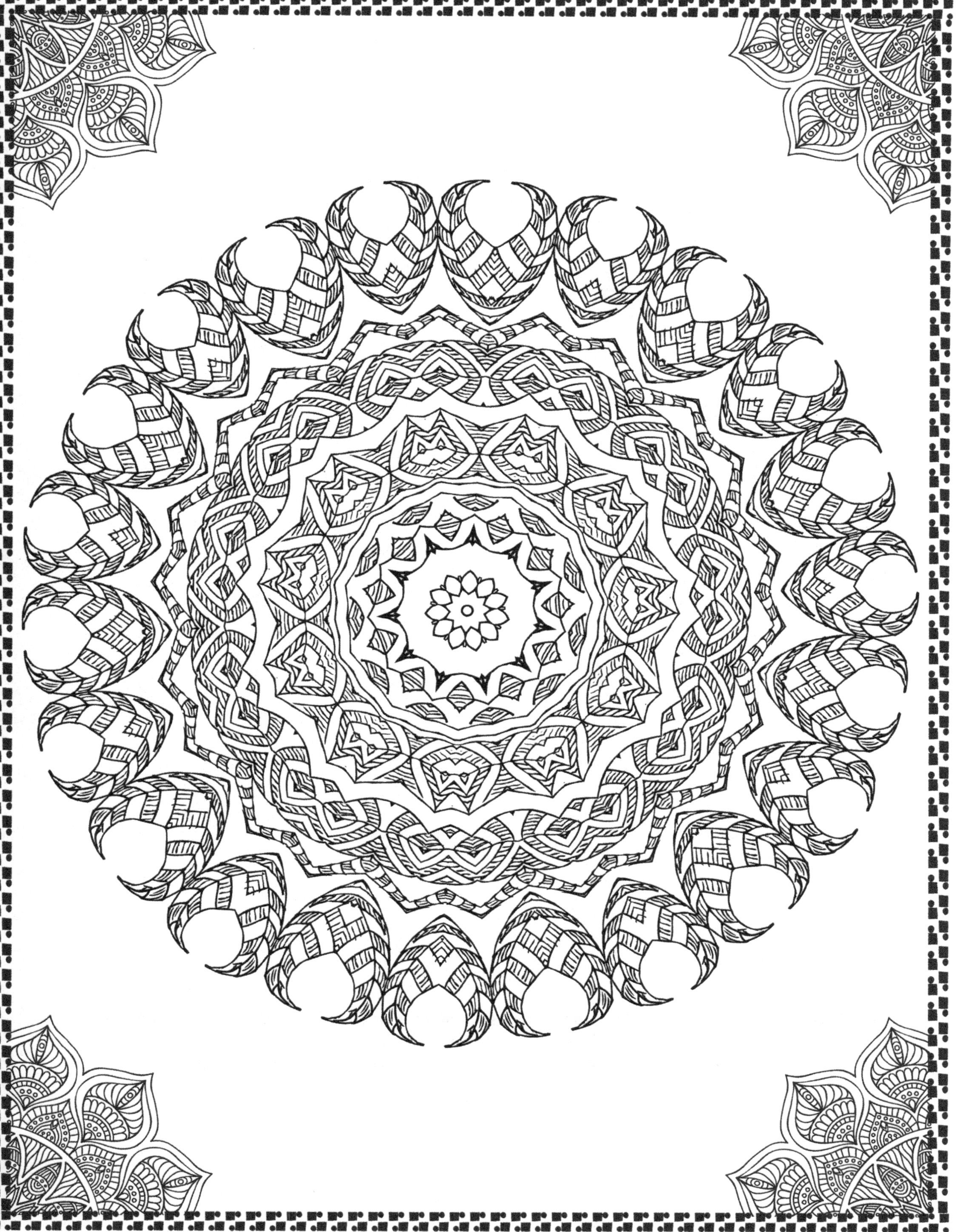

Questo è un sanguinare attraverso pagina se si utilizza un colorante indicatore o una penna!

Trovare altri grandi titoli di ricerca per disegni da Colorare Bandit su Il tuo libro preferito rivenditore

Amazon.Ca | Barnes & Noble (BN.Com) | Libri 1 Milione (BAM.Com)

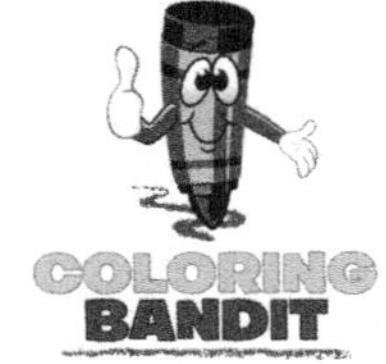

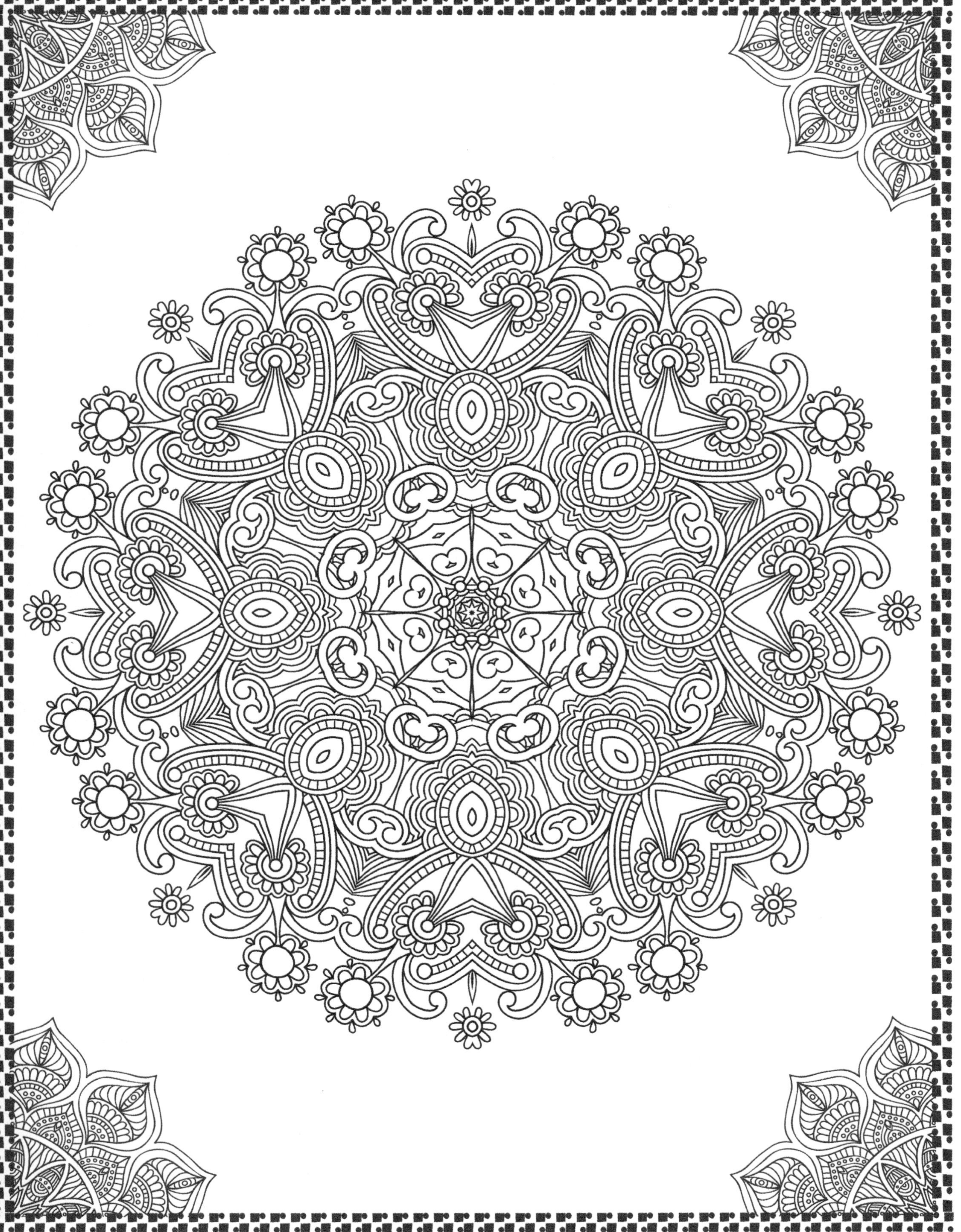

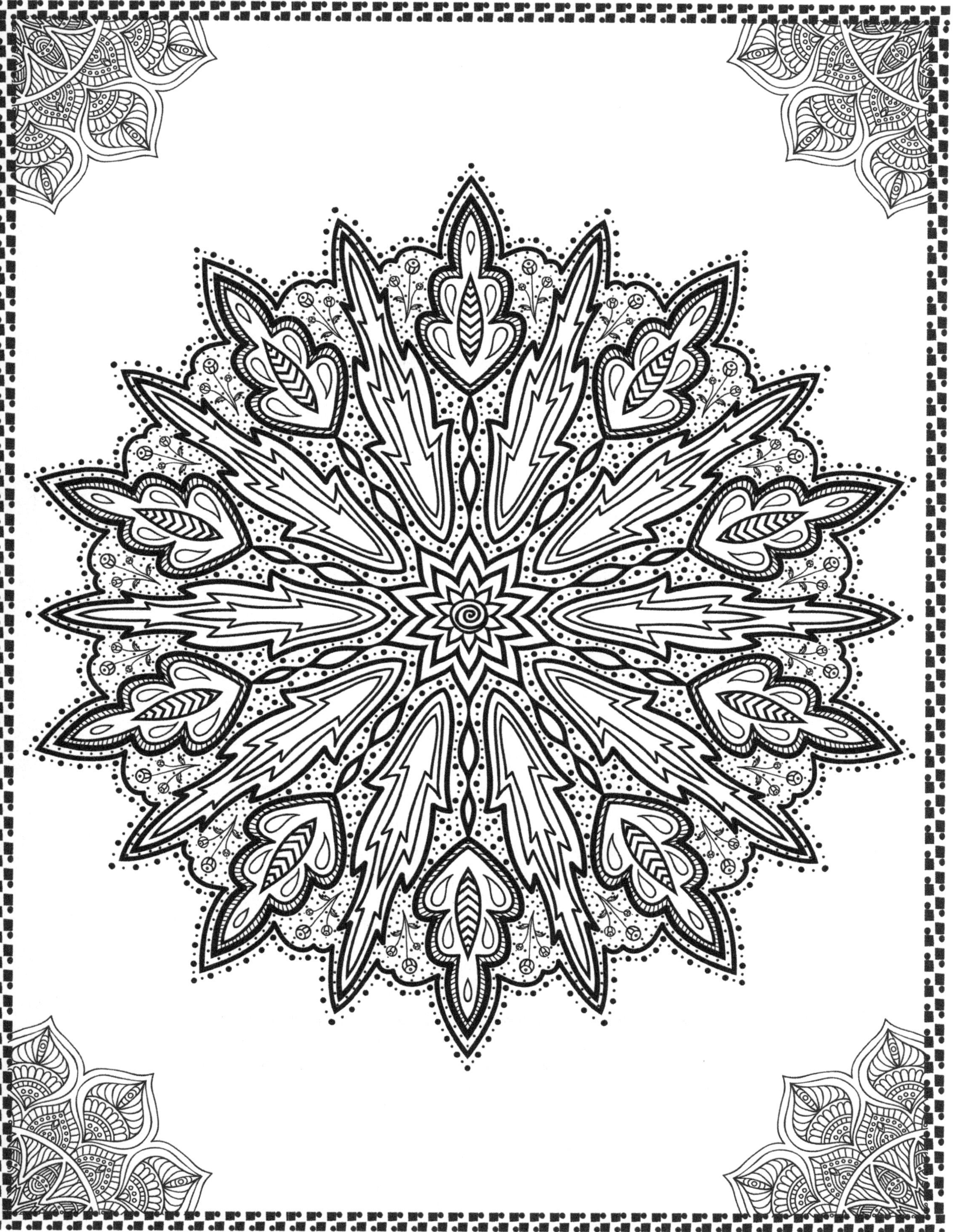

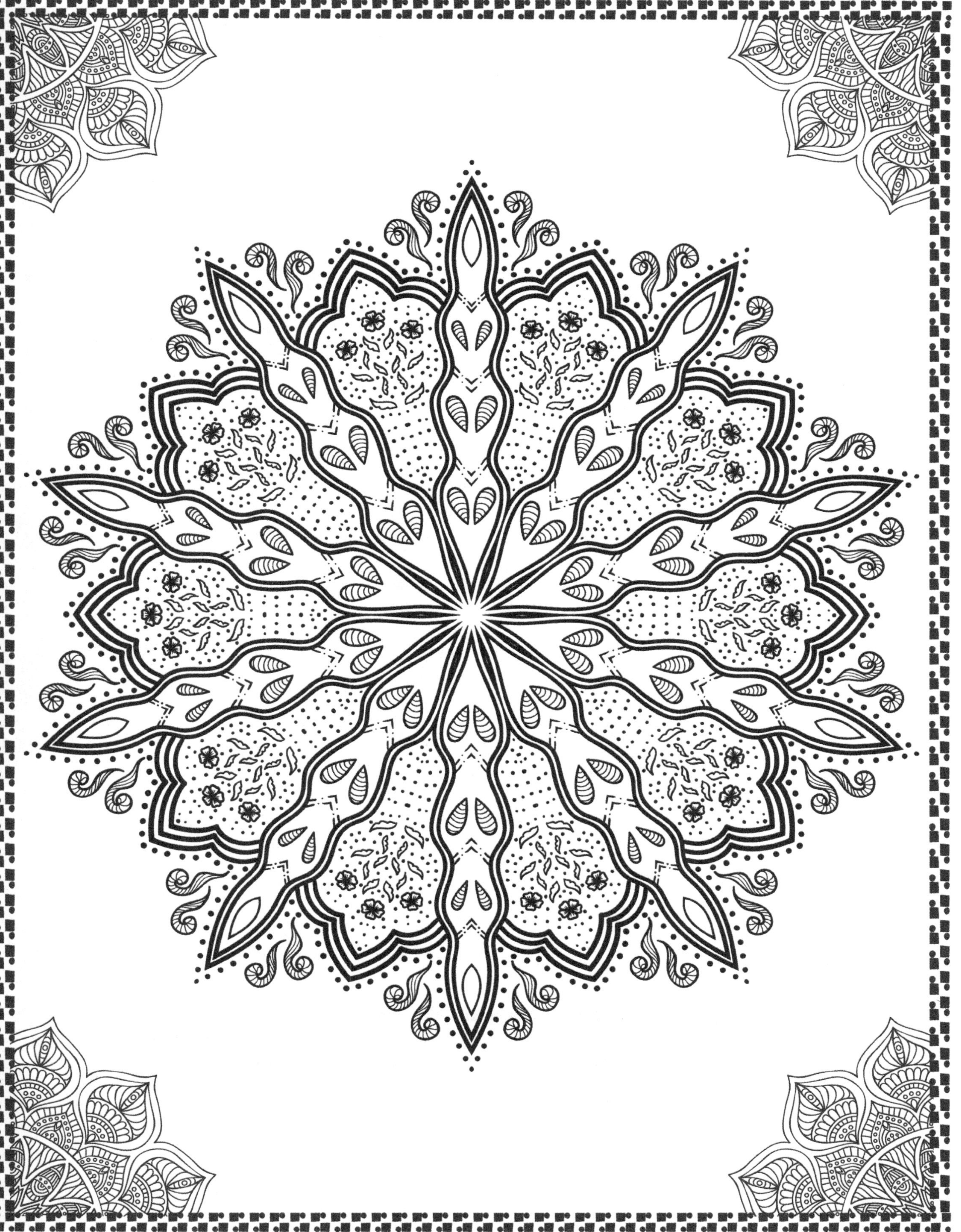

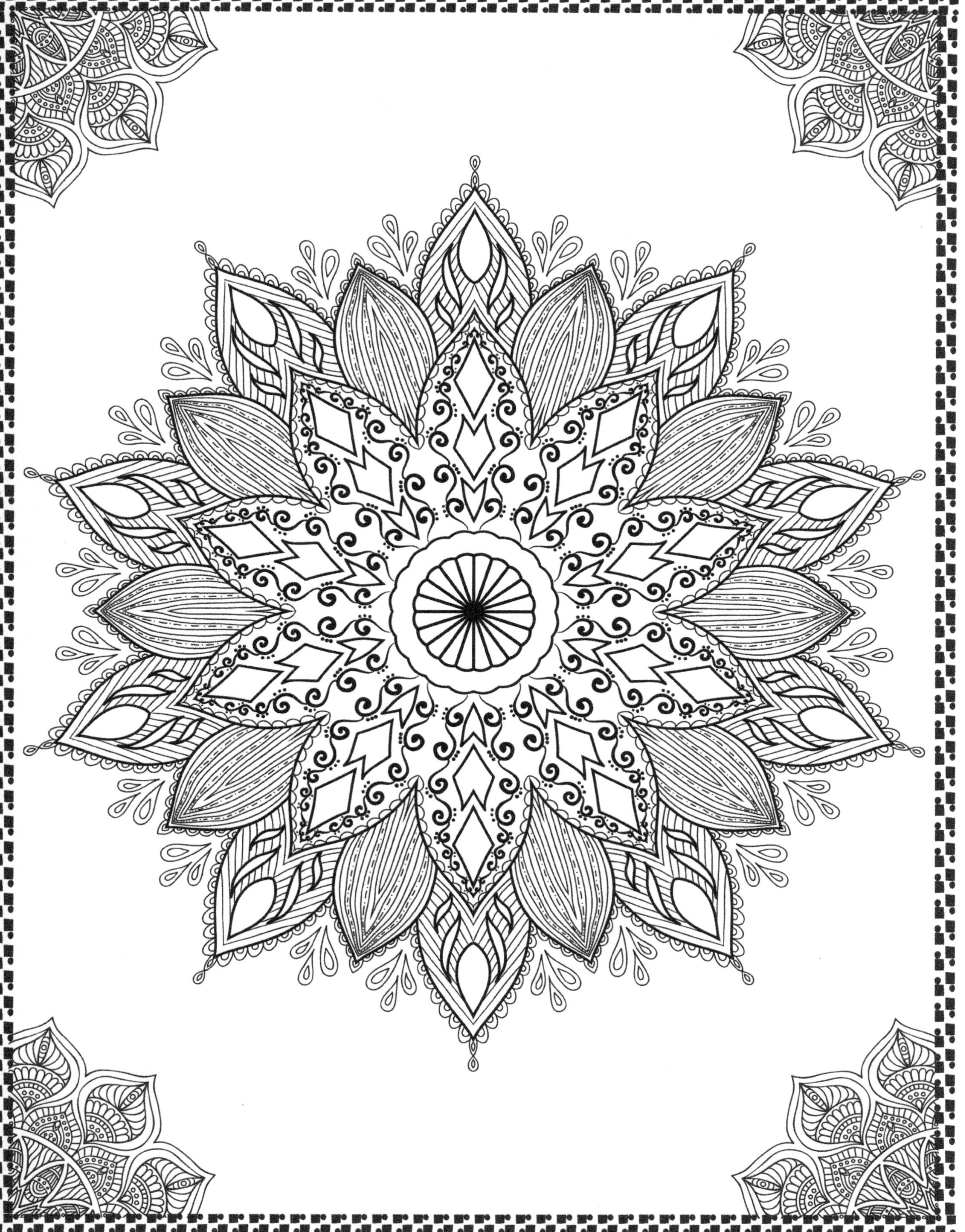

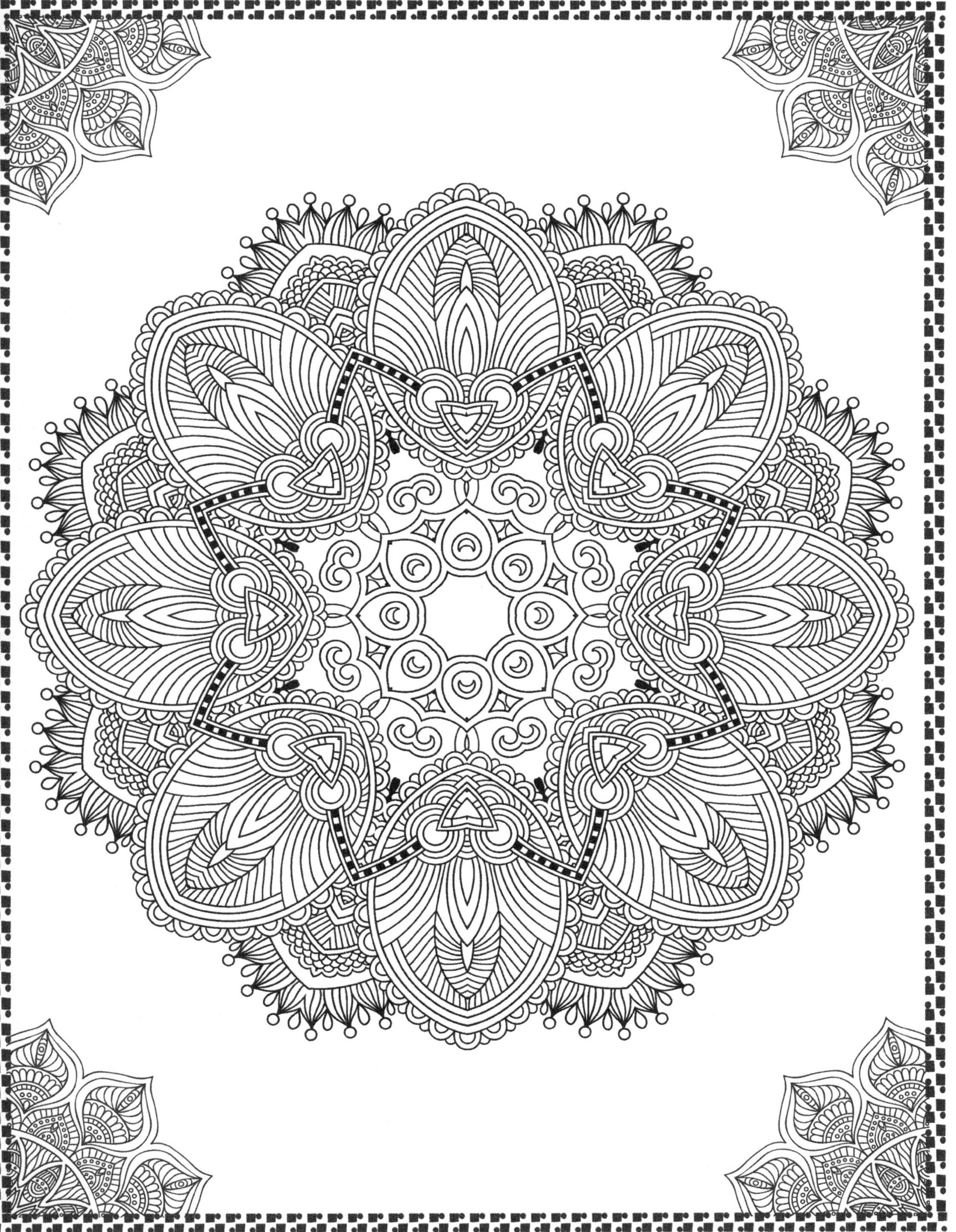

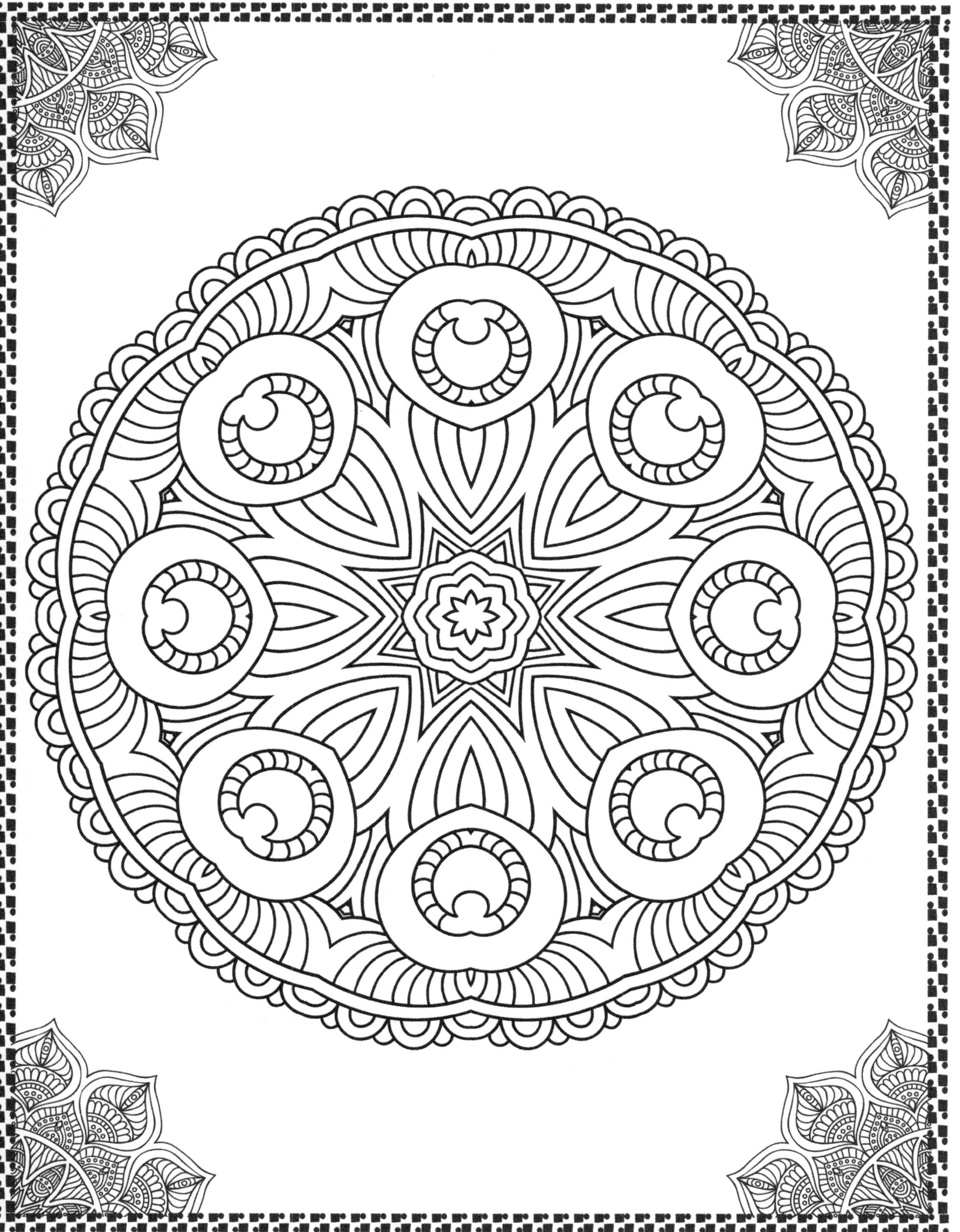

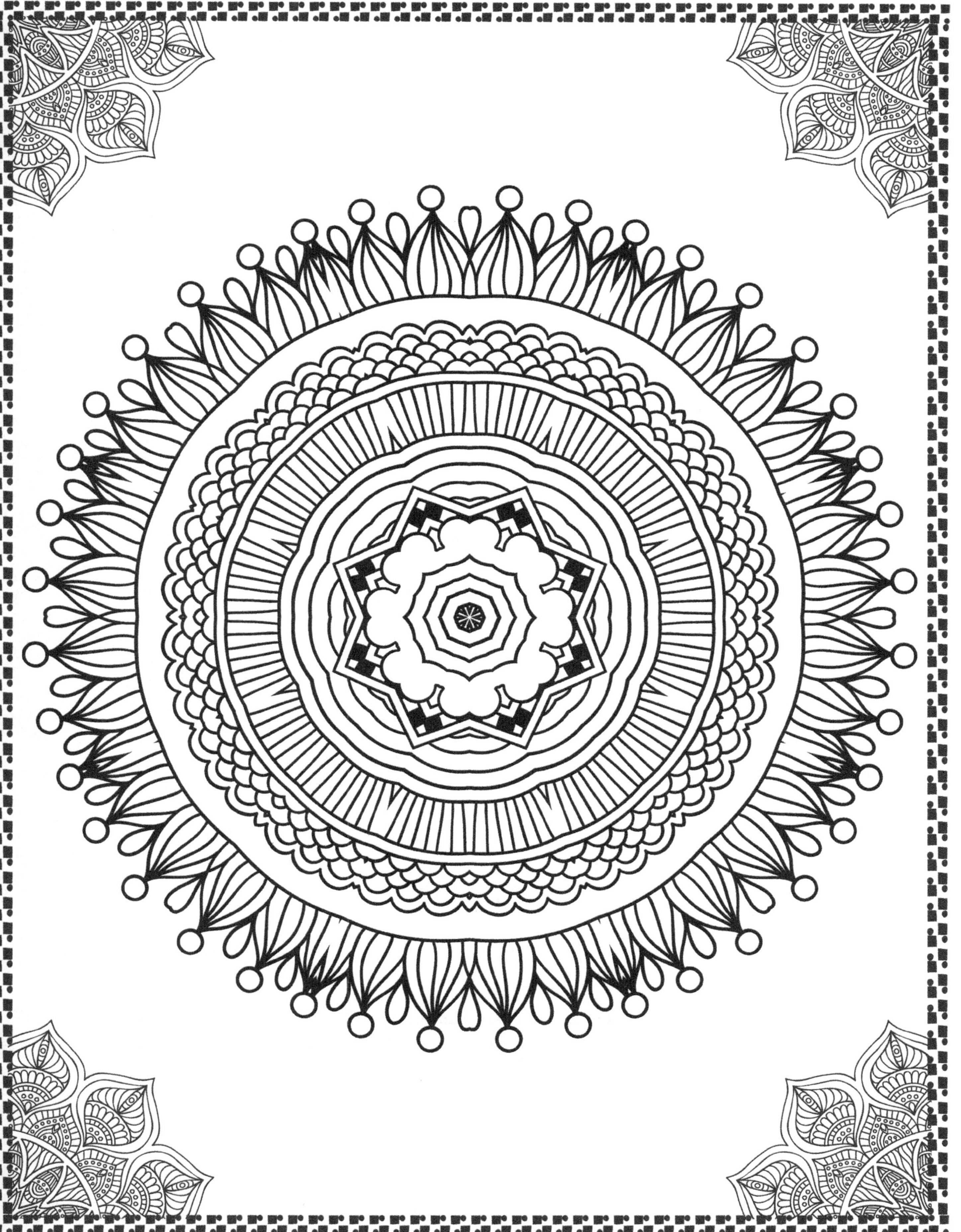

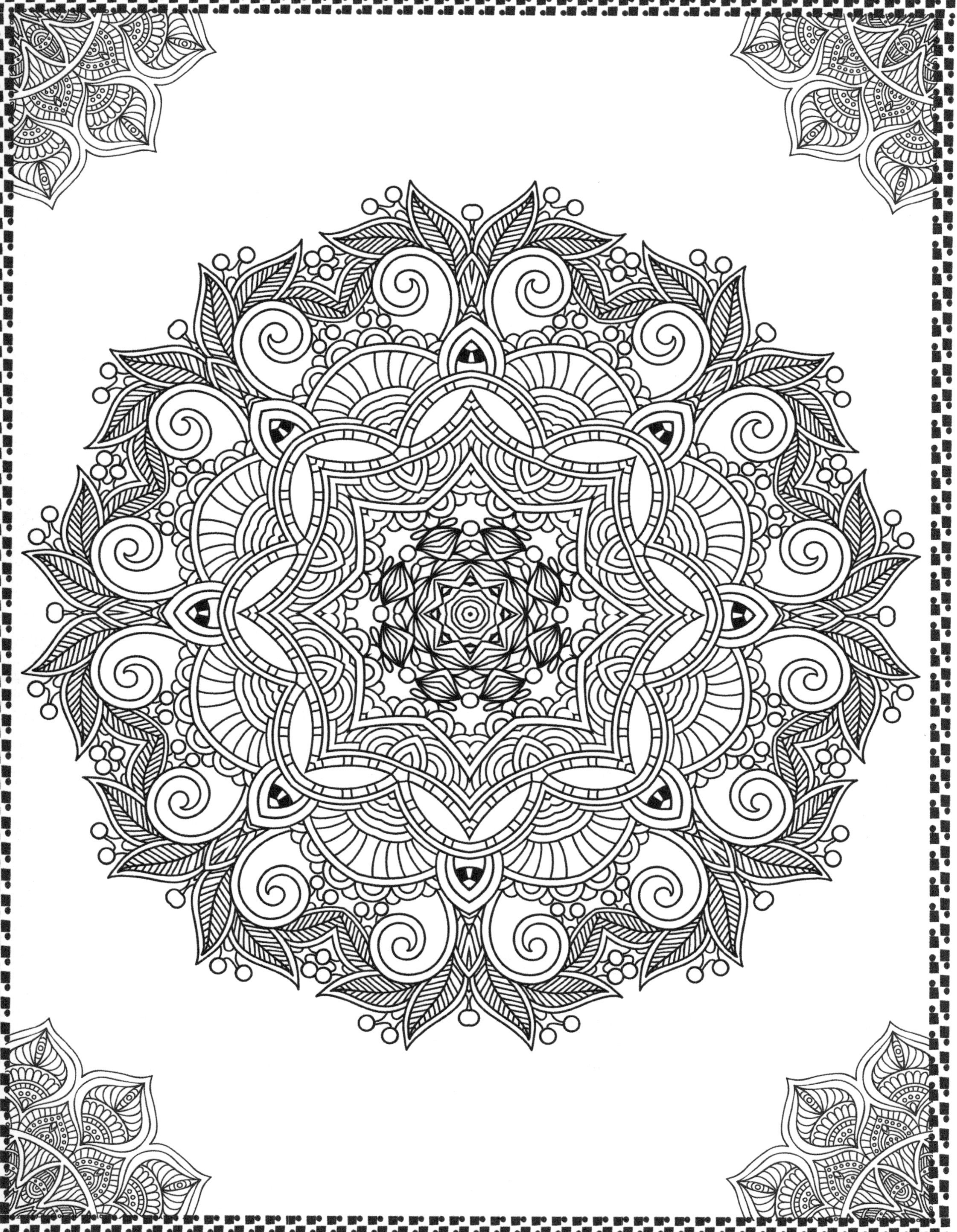

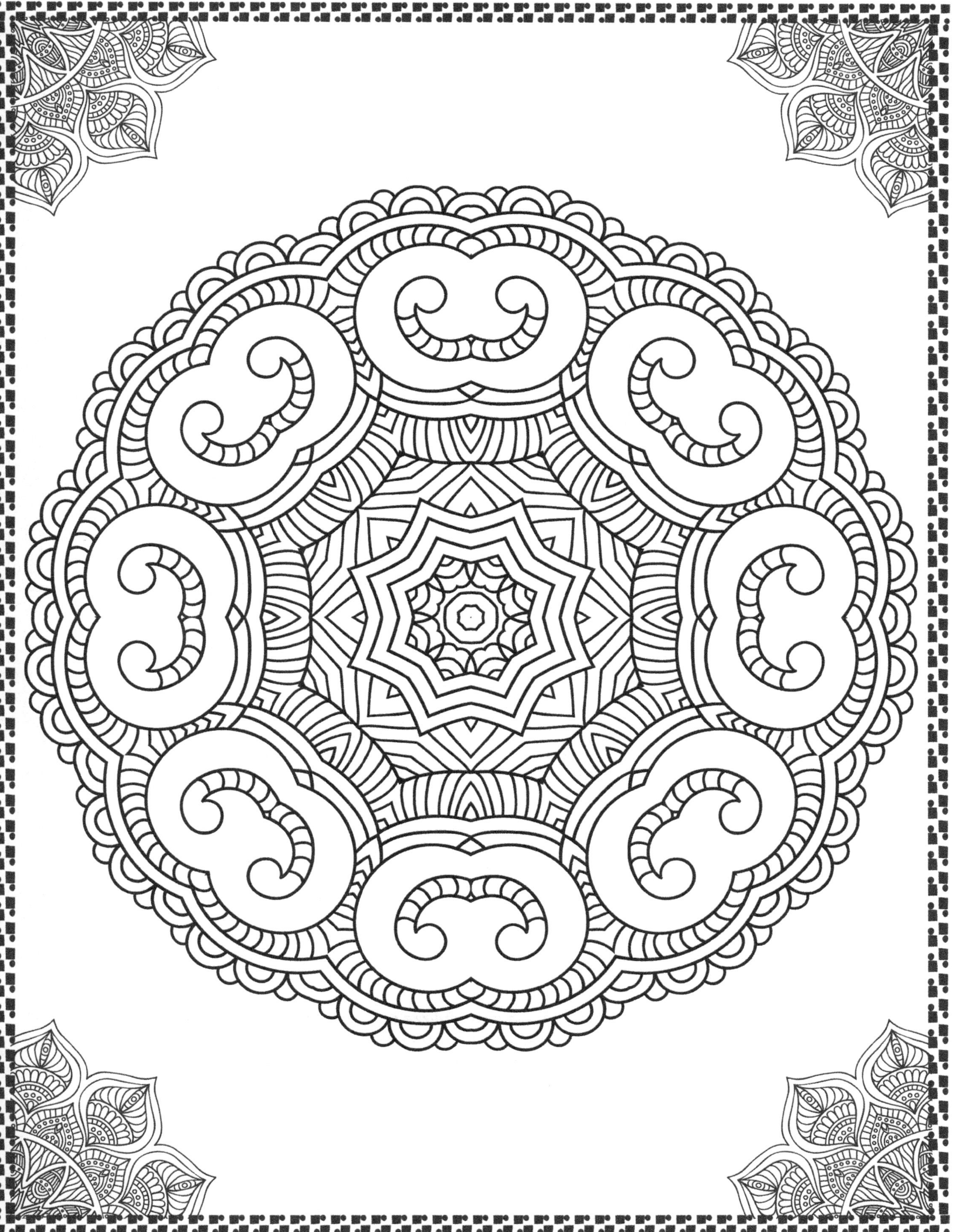

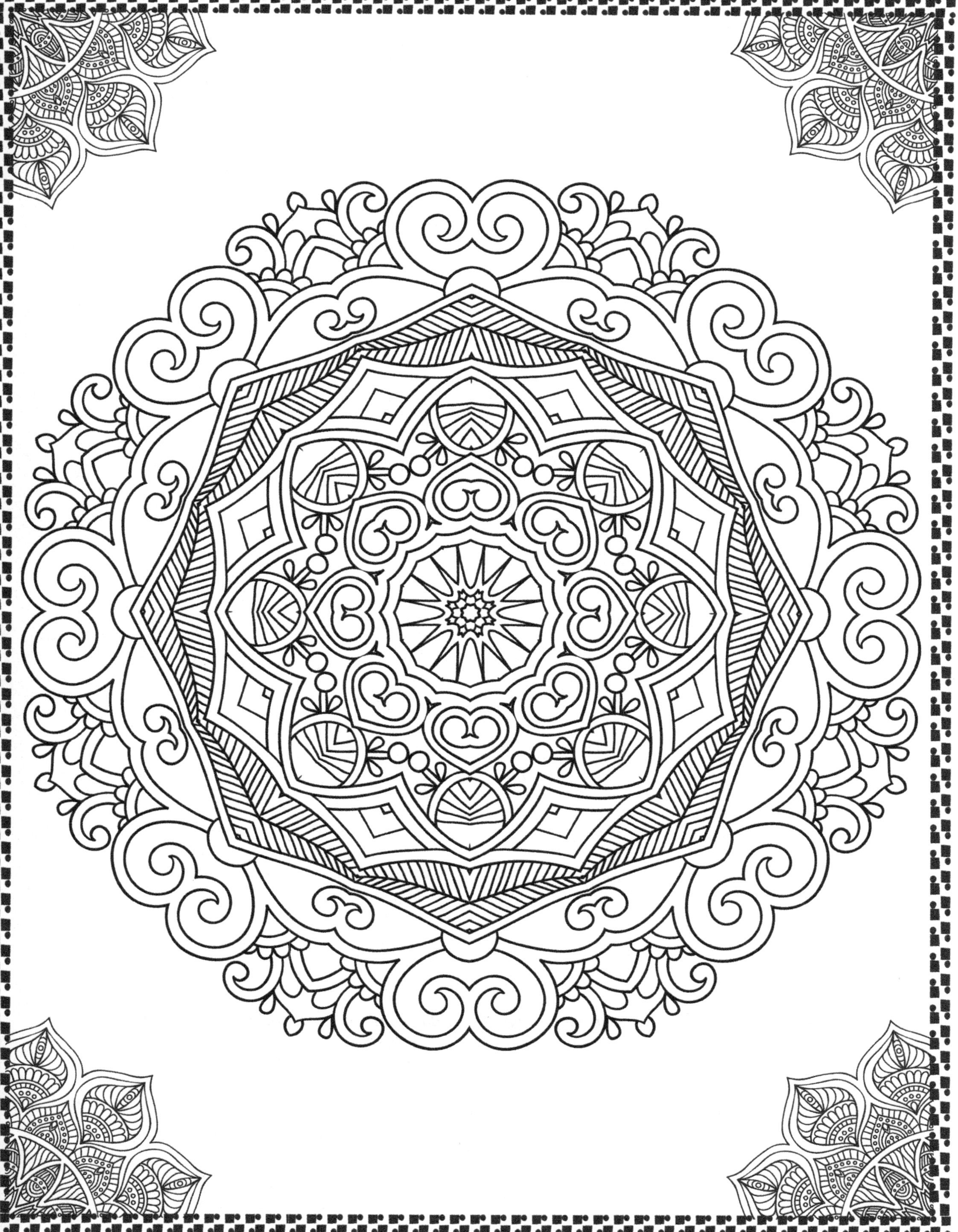

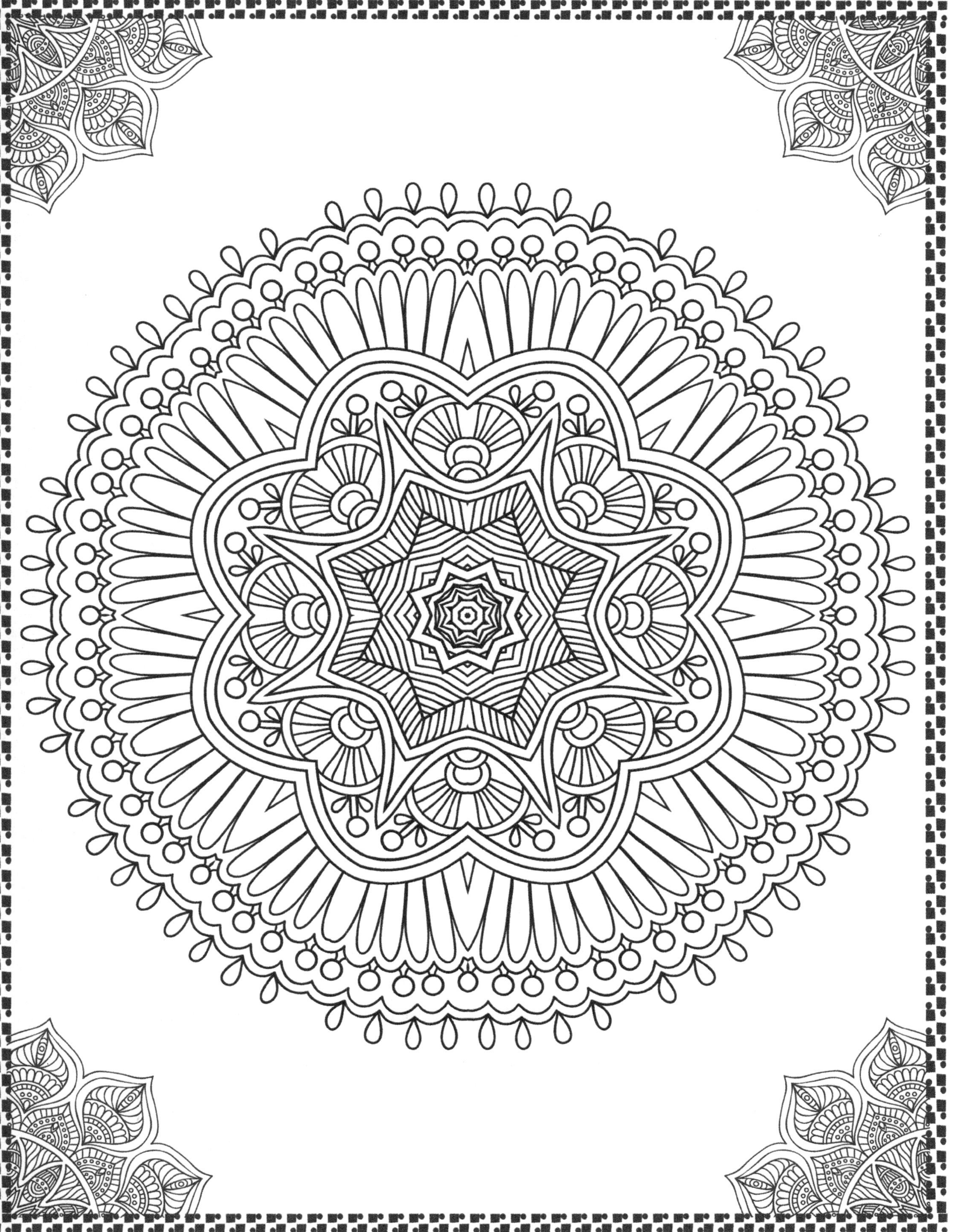

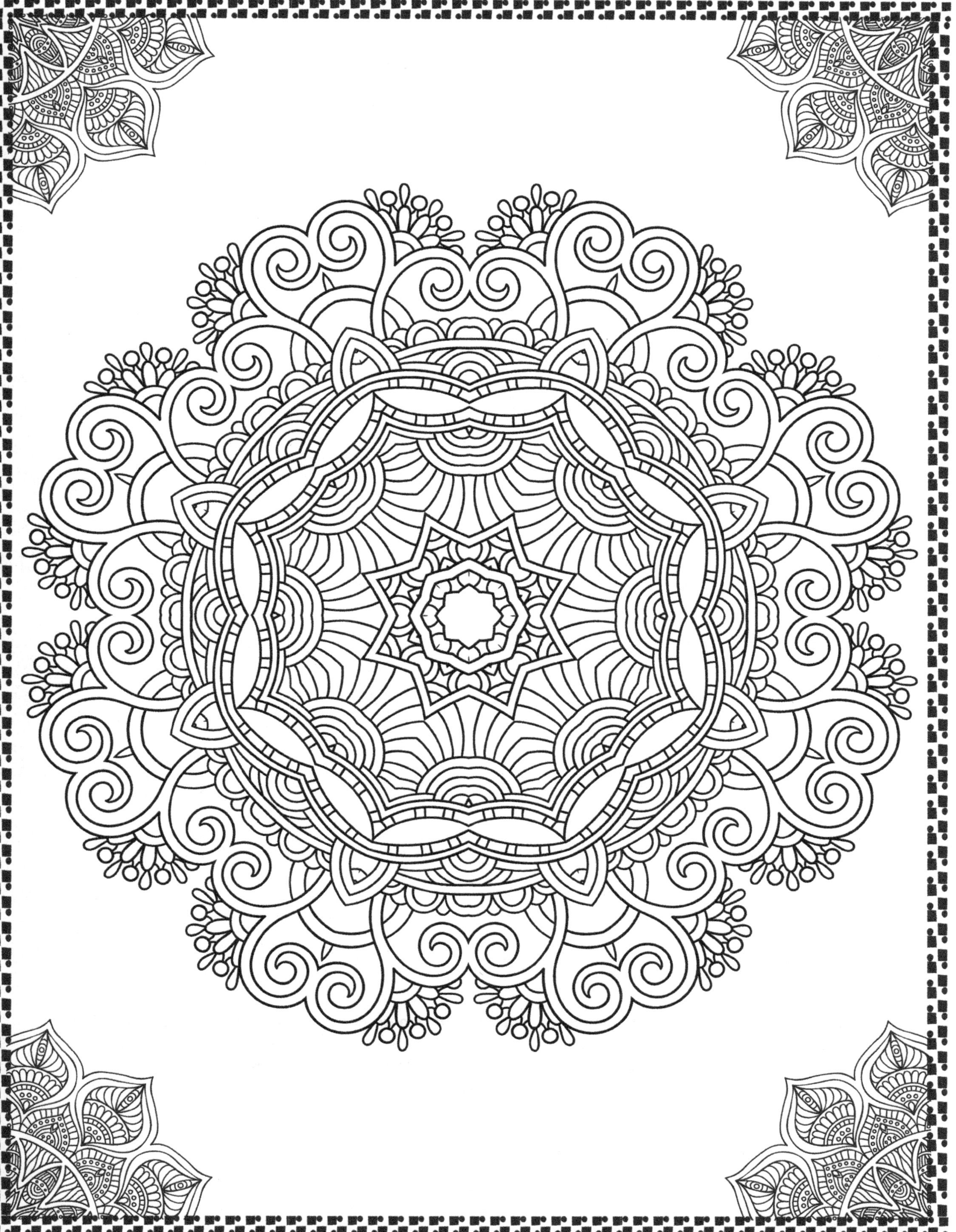

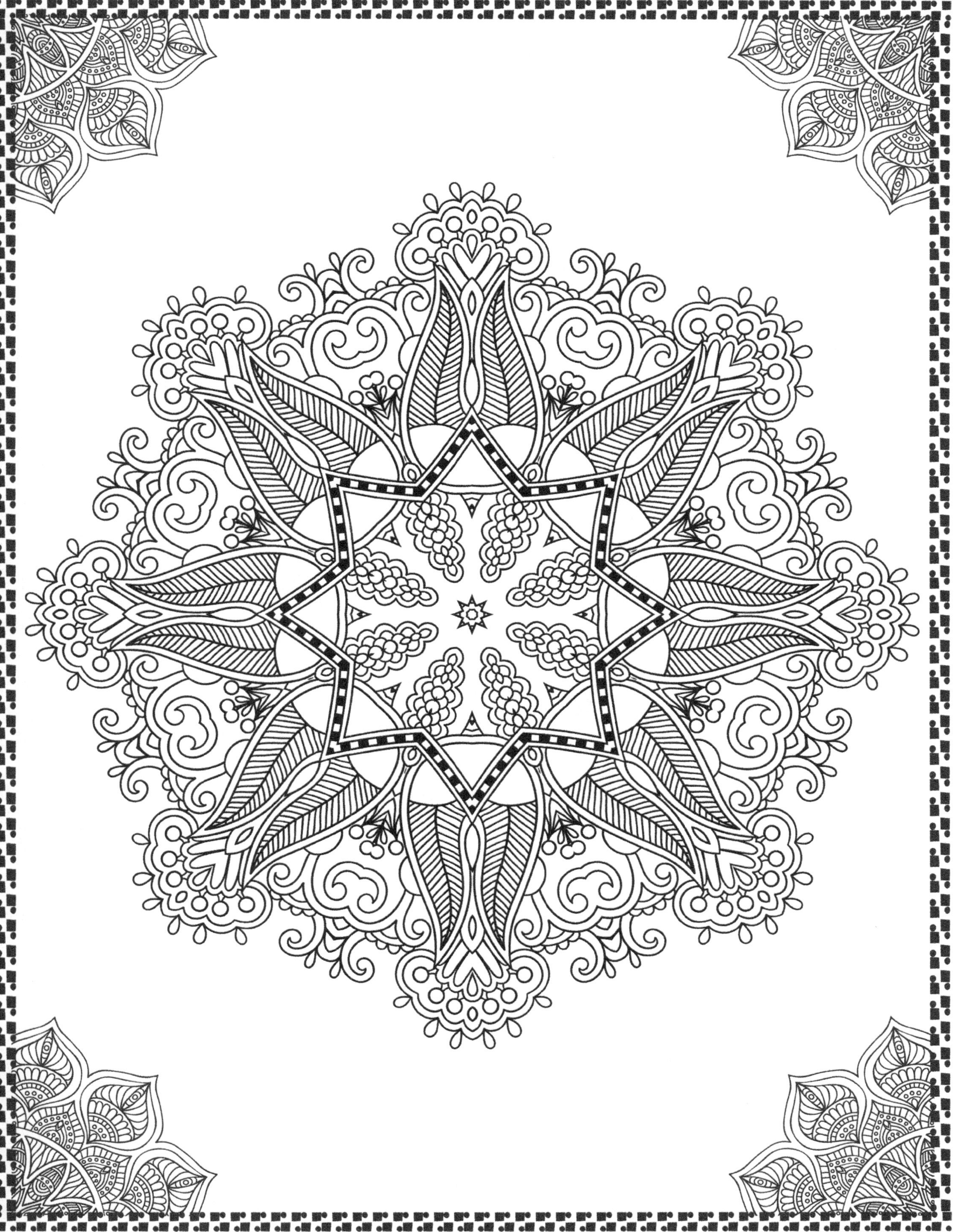

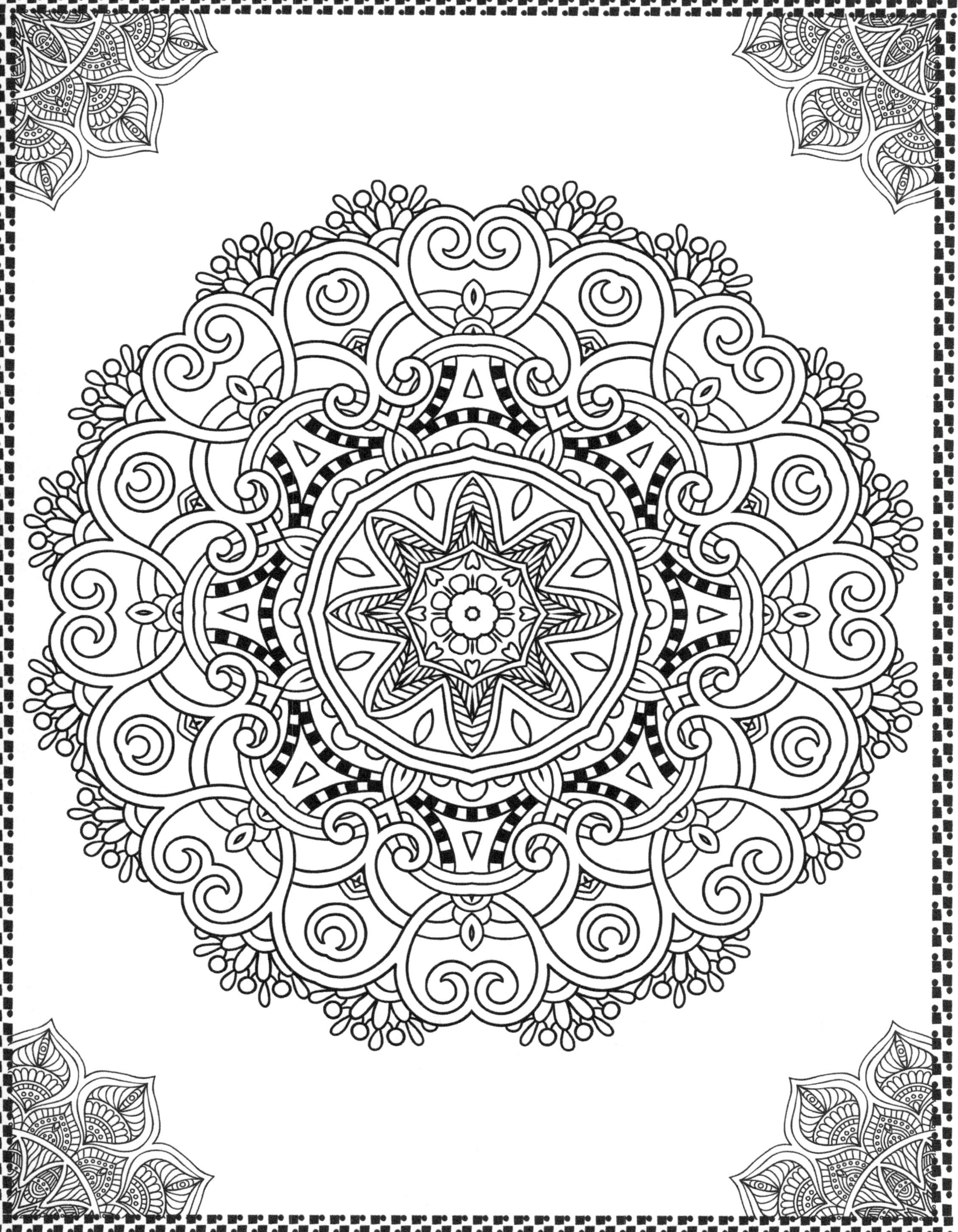

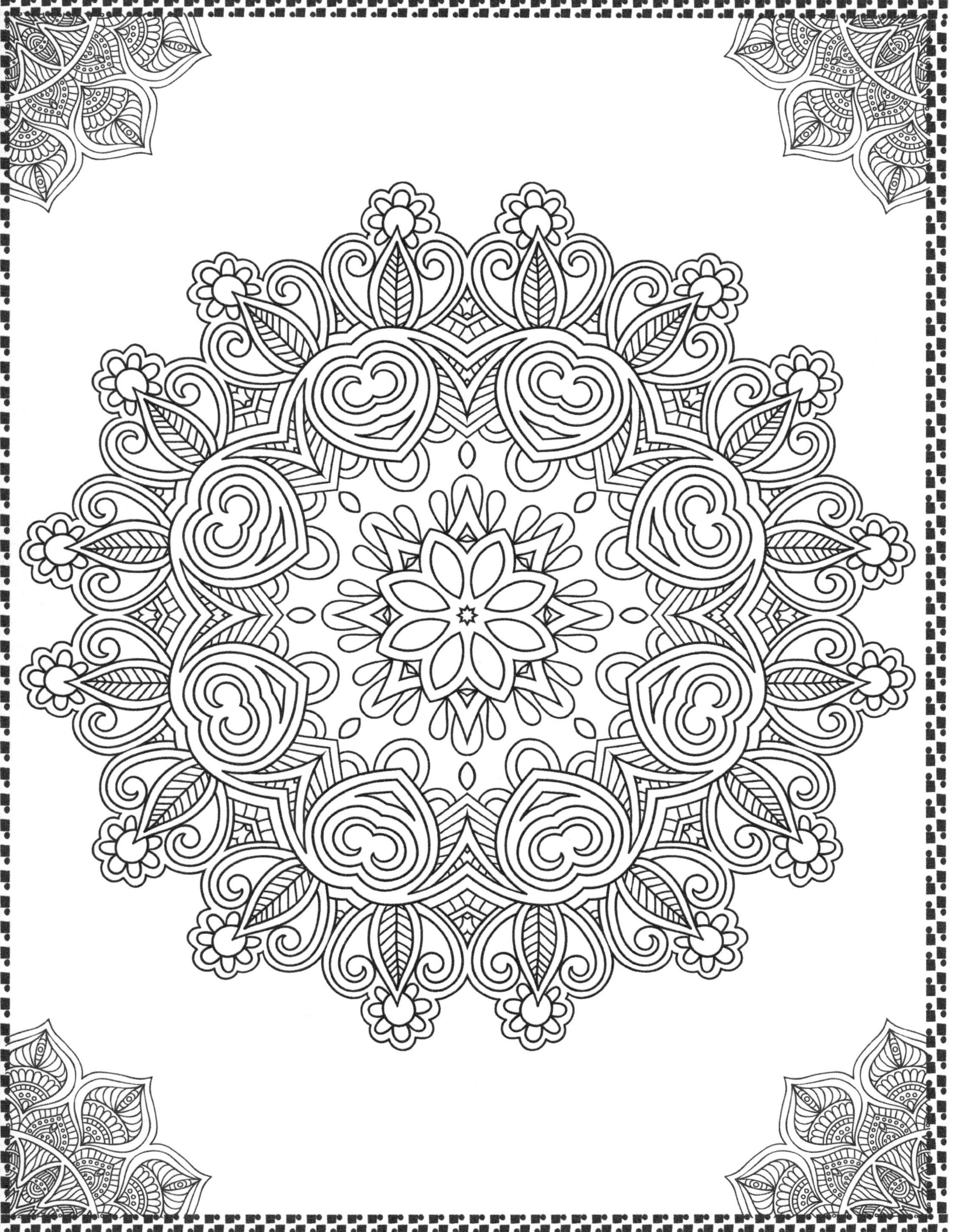

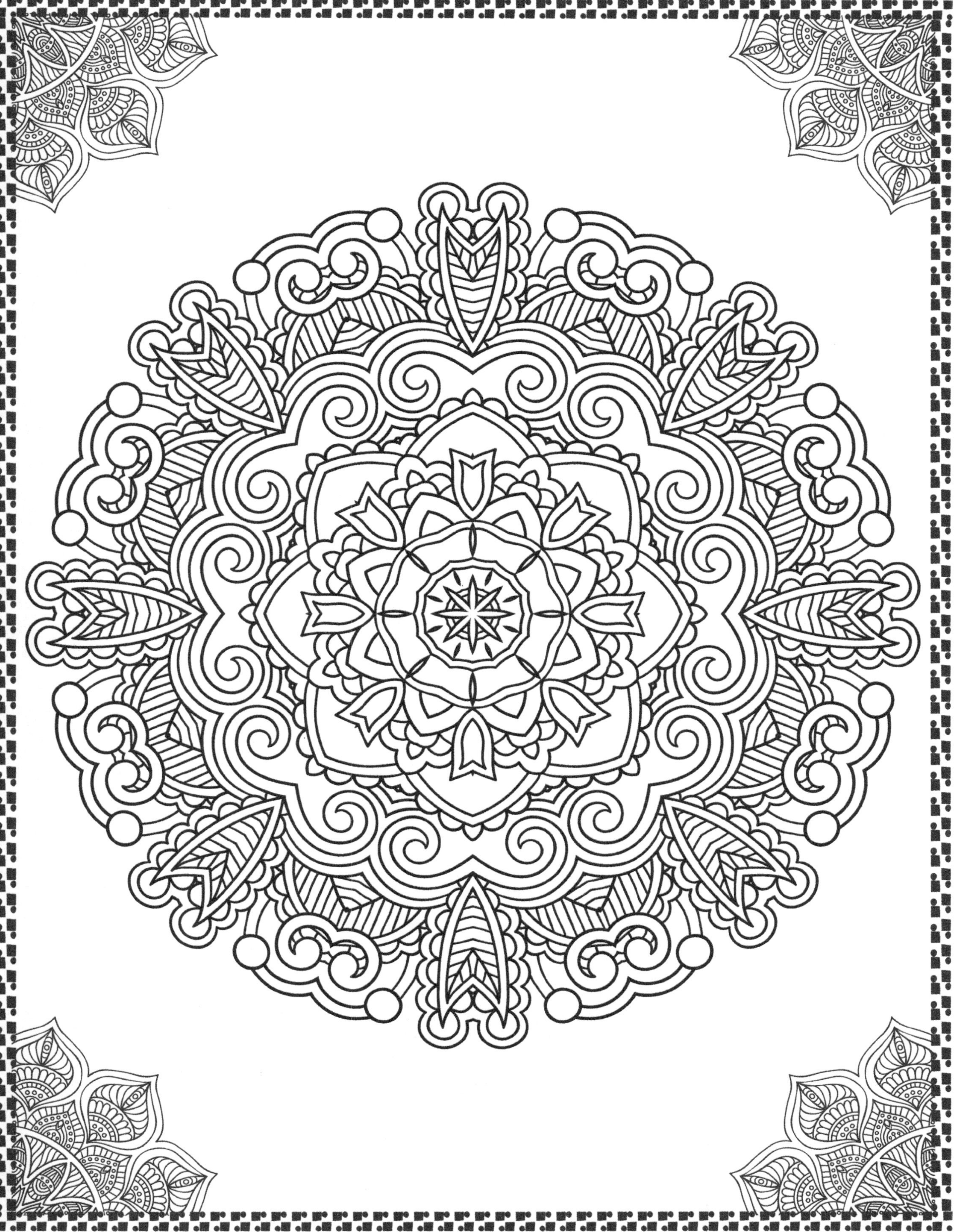

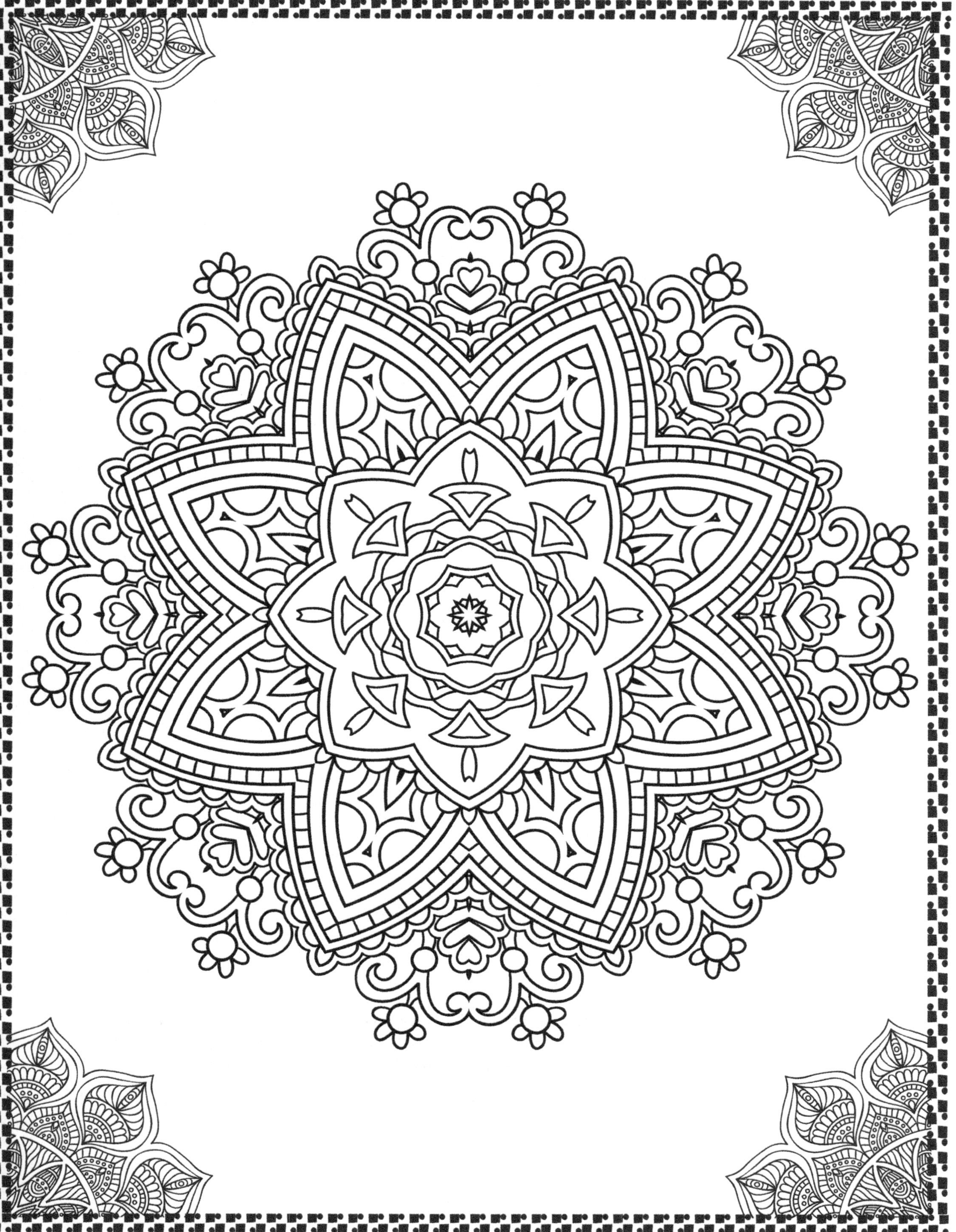

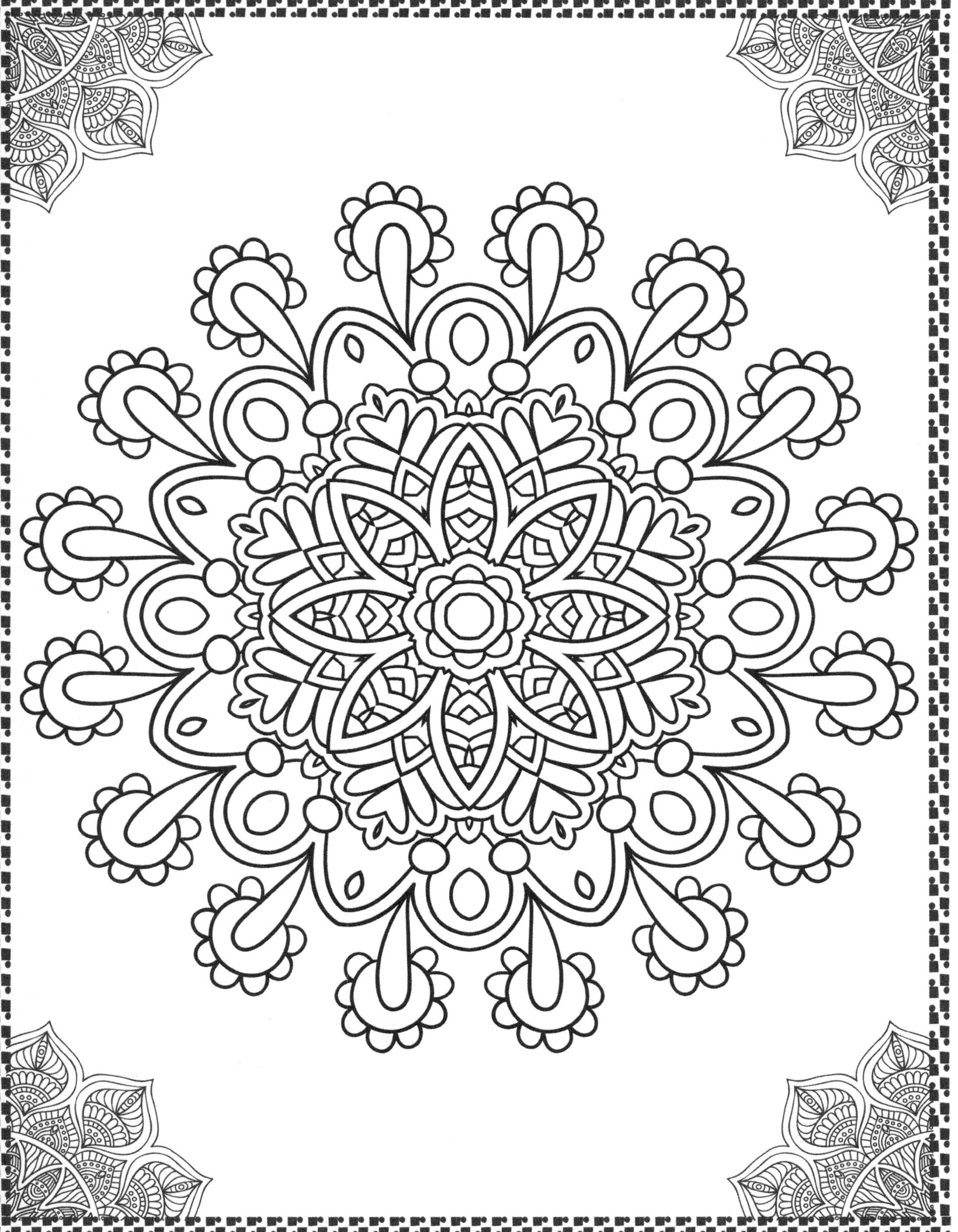

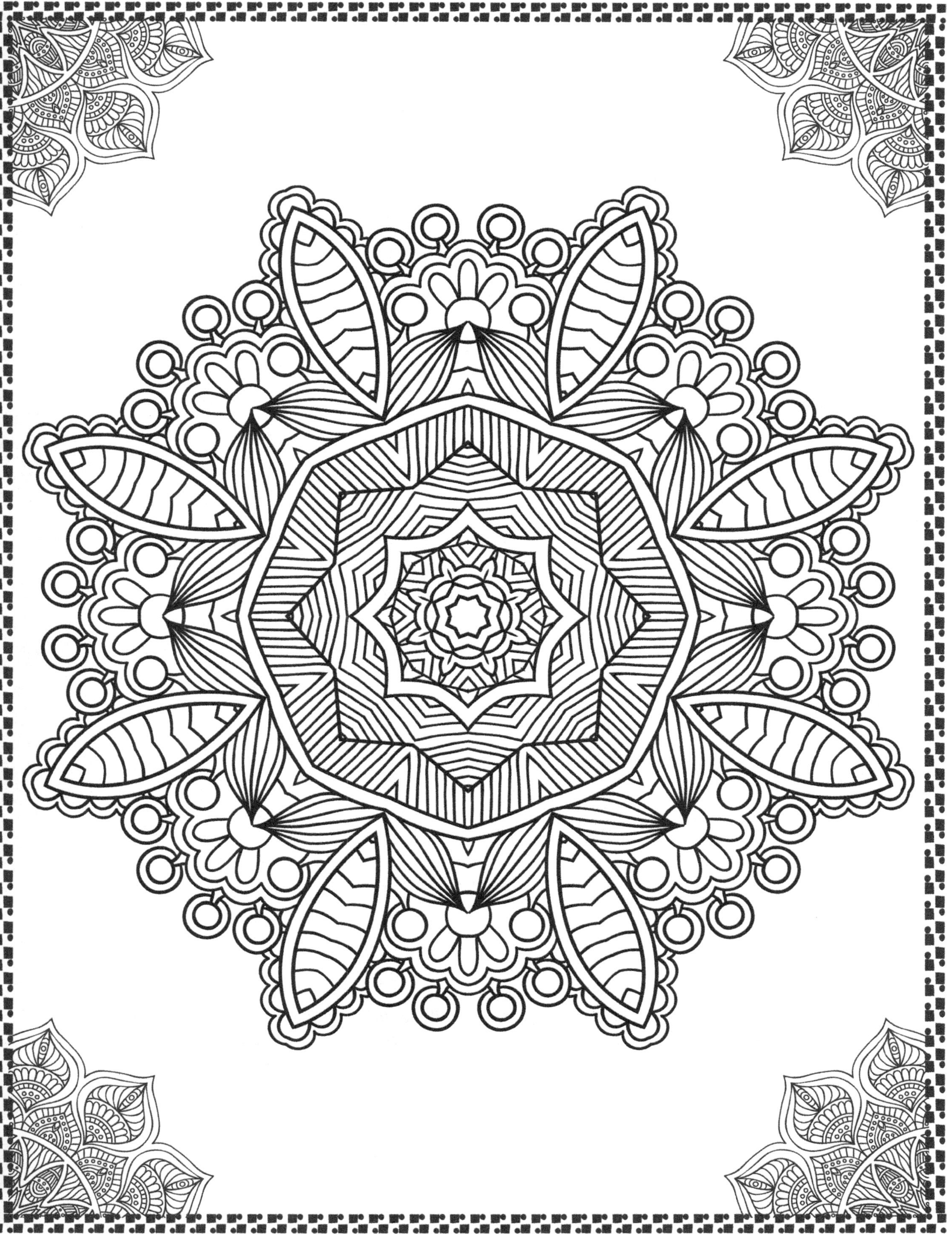

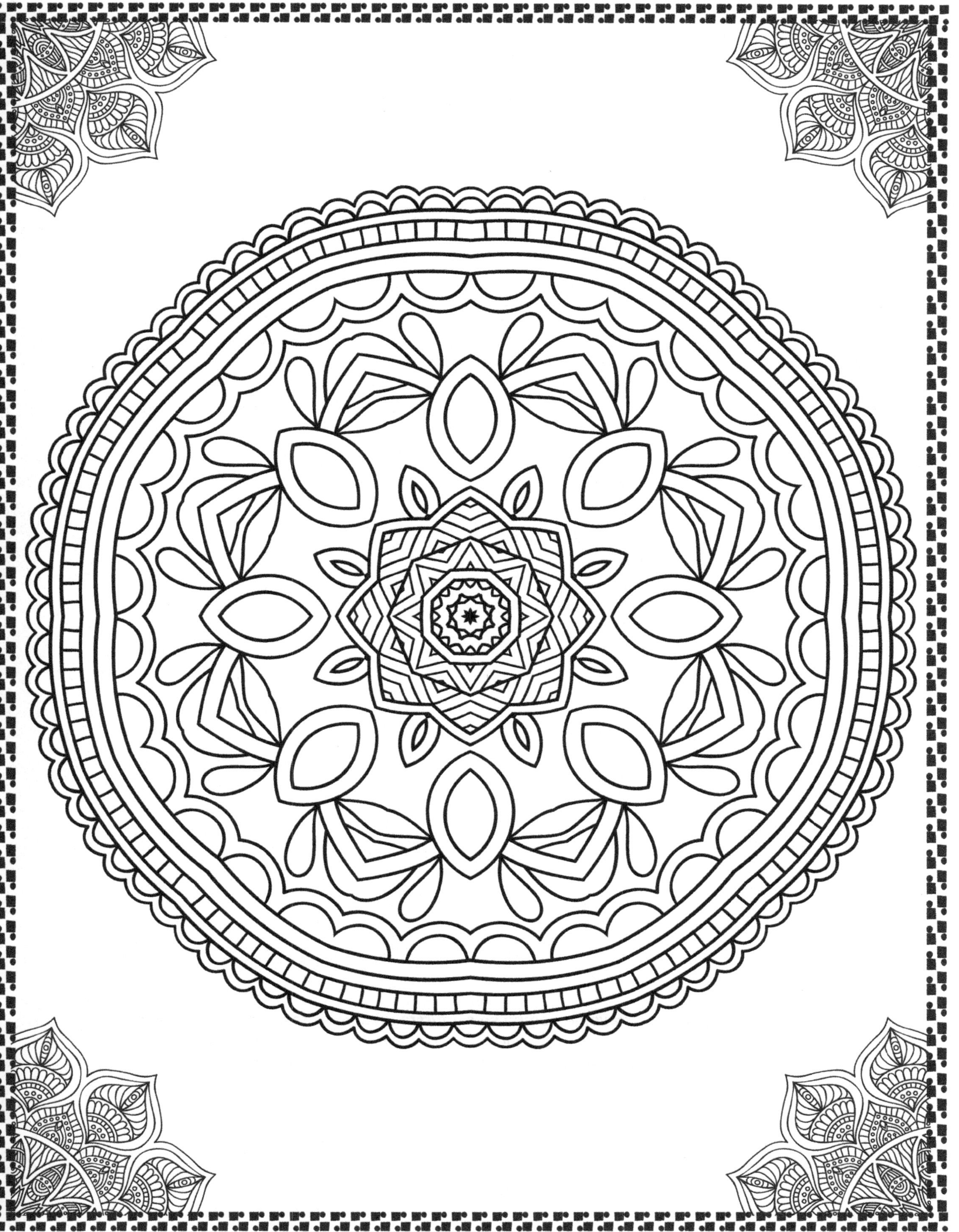

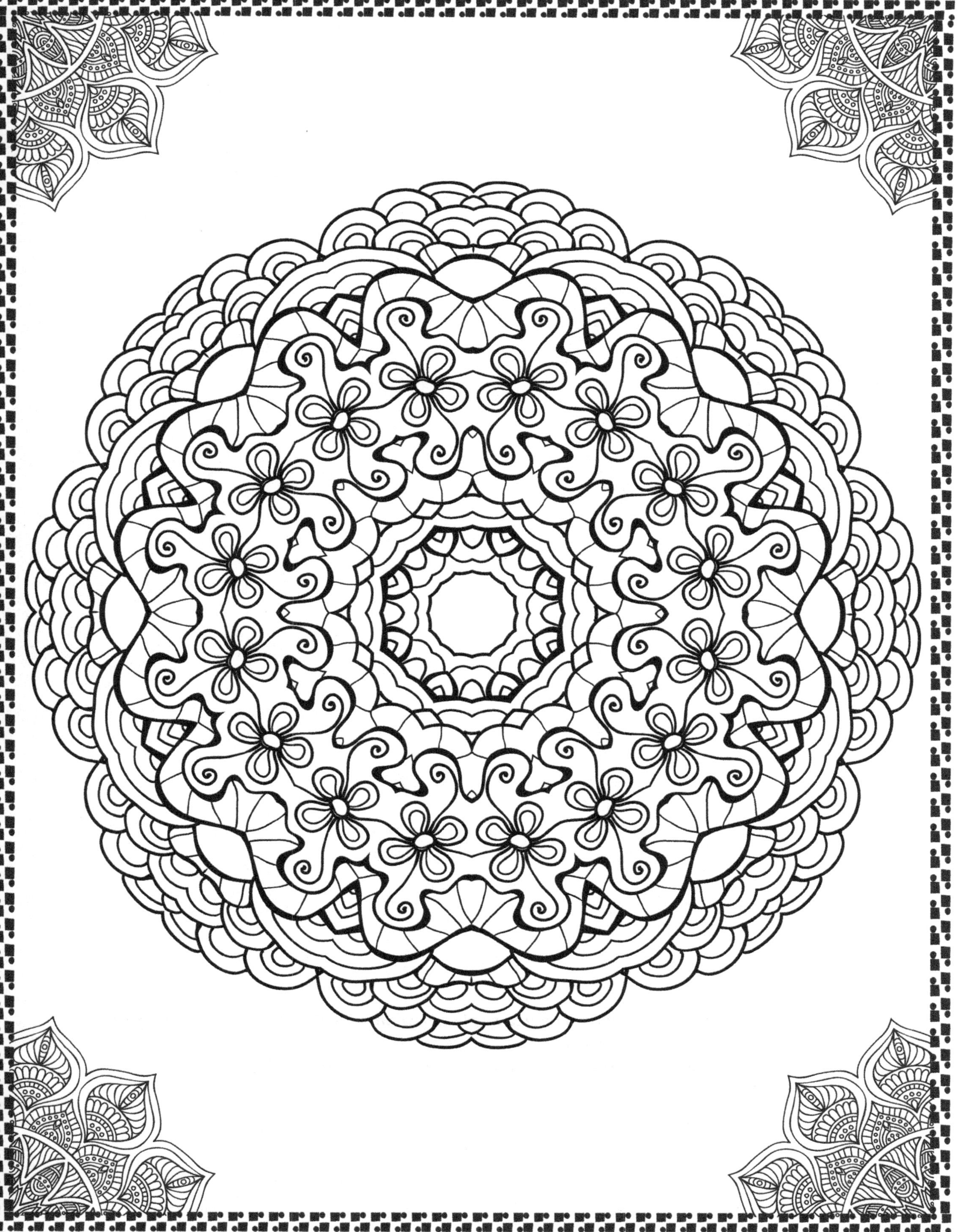